Pourquoi

(... j'écris)

Klaus Ebner

Pourquoi

(... j'écris)

© 2021 Klaus Ebner, www.klausebner.eu
© Traduit de l'allemand par l'auteur
Warum (… ich schreibe)

Couverture : Klaus Ebner, avec un dessin de Janet Gooch sur
Pixabay, www.pixabay.com, et une photo de
Karl Grabherr, www.grabherr-photography.com
Correction : Damien Graindorge, www.corredac.fr

Éditeur : BoD-Books on Demand
12-14, rond-point des Champs-Élysées, 75008 Paris
Impression : Books on Demand, Norderstedt, Allemagne
Printed in the European Union

ISBN : 978-2-322252169

Dépôt légal : Décembre 2020

Table des matières

La question 7
L'aube 9
Les livres (I) 13
Les démarcheurs 17
L'école 21
La prof 25
Les livres (II) 29
L'association 31
L'interruption 33
Les livres (III) 37
Les Catalans 39
Le pourquoi 45

La question

Il va de soi que chaque écrivain se pose la question *pourquoi* il écrit. C'est à maintes reprises que je lisais cette énonciation, ainsi formulée ou d'une façon semblable ; dans des articles et des commentaires, et je pense même aussi dans des ouvrages philologiques. Mais est-ce vraiment comme ça que ça se passe ?

Je trouve que les choses se présentent de façon différente : ce ne sont pas les écrivaines et les écrivains qui se posent la question sur la base d'une quelconque nécessité intérieure. Non, c'est leur entourage qui les confronte à une telle interrogation, les lectrices et les lecteurs, les amis et la famille, et bien sûr aussi des journalistes et des philologues qui tentent d'explorer la motivation ou, comme on arrive à lire parfois, la source des inspirations qui convertissent de bons citoyens en autrice et auteur.

La question du *pourquoi écrire* réclame en quelque sorte une justification. Mais... que faudrait-il justifier ? On dirait que les écrivaines et les écrivains sont des déviants dans notre société, des *outlaws*, des rêveurs et des fous. Bon, il se peut que nous soyons en effet un petit peu fous, parce que le fait de suivre une vocation qui cause beaucoup de travail mais rapporte peu d'argent (qui ne garantit le gagne-pain qu'à un groupe minuscule d'élus), est loin de toute pensée économique ou tout simplement de la raison.

Franchement, je ne me suis jamais demandé *pourquoi* j'écris. L'écriture fait partie de mon *moi* intérieur, c'est l'expression de ma personnalité, et je ne puis y renoncer comme je ne puis renoncer à un des membres de mon corps. Pourtant, les gens me posaient cette question. J'en restais bouche bée (donc avec un air assez stupide) et je ne savais pas quoi répondre. Probablement ne comprenais-je même pas la *nature* de la question qui, cependant, déclencha une réflexion profonde.

Il est vrai que la question du *pourquoi* n'est pas simple. Pour s'en approcher et trouver finalement une sorte de réponse solide, il faut considérer mon développement universel afin de comprendre comment, à travers l'enfance et certaines initiations, je devins celui que je suis aujourd'hui.

L'aube

Bien sûr, tout commence dans l'enfance. Dans ce contexte, je n'accepte pas la question du *pourquoi*, puisque de nombreux événements de l'enfance ne sont pas soumis à un contrôle volontaire et bien des faits resteront des mystères.

Ma forte affinité pour la langue fut attestée très tôt. C'est ma mère qui affirmait à plusieurs reprises que j'aurais déjà parlé couramment et en phrases complètes à l'âge *d'un an*. J'ai du mal à prendre cette déclaration au pied de la lettre, probablement parce que je ne connais aucun enfant dans mon entourage (y compris les miens) qui aurait eu une compétence linguistique aussi frappante à l'âge d'un an seulement.

Ce dont je me souviens très bien, c'est que des éléments dialectaux ou du patois manquèrent complètement à mon langage des premières années de ma vie. Nous vivions dans la ville de Vienne et il était important pour mes parents que leur fils parlât *bien*, c'est-à-dire *selon l'écriture*, ce qu'on appelait parfois *haut allemand*. (Ma famille ignorait que l'intégralité de toutes les variétés, registres et dialectes des allemands supérieur et moyen appartenaient au haut allemand et que seul le bas allemand dans l'extrême nord de la République fédérale d'Allemagne n'en faisait pas partie.) Dans ma famille, je n'entendais presque personne utiliser le jargon viennois, et ce n'était que pendant les vacances en Carinthie (en particulier au lac de Klopein) que je pouvais rattraper une idée du dialecte ; d'ailleurs, ma scolarisation en maternelle était limitée à seulement quelques semaines.

Un jour, j'avais quatre ou cinq ans, ma mère m'aborda farouchement aux escaliers de notre maison (j'ai oublié pour quelle raison nous y étions) et me reprocha d'avoir dit un *mot très grossier*. Je n'avais aucune idée de quoi elle parlait et nous commençâmes une discussion pleine de blâmes, oppositions et curiosité. Puisque la cause de sa colère m'était inconnue, je l'exhortai à me dire quel était ce mot pour être capable de décider s'il était vraiment sorti de ma bouche ou non. Je crois avoir discuté pendant une demi-heure (probablement seulement dix minutes), jusqu'à ce qu'elle révélât finalement le *mot grossier* (dont je n'ai malheureusement aucun souvenir). À ce moment, je l'entendis pour la première fois de ma vie ; je ne puis dire s'il était obscène, mais je suis sûr qu'il s'agissait d'une expression dialectale.

Le jargon viennois ne trouva sa place dans mon langage personnel qu'au lycée, mais uniquement lorsque j'étais seul avec mes amis et mes camarades. Cependant, ce jargon dialectal n'était jamais ma propre langue, mais plutôt quelque chose de louche auquel je me sentais forcé et que je rejetais et détestais de tout mon cœur. Le fait que je pusse et dusse parler *selon l'écriture* à mes enseignants, me soulageait. (En revanche, je négligeai les deux professeurs qui promurent l'idée de devoir parler en patois s'ils voulaient trouver grâce aux yeux des enfants ; et ils se vengèrent avec de mauvaises notes.)

Pendant les années de collège, il était imprévisible que je développerais une grande affection pour les langues étrangères. Inoubliable fut ma première épreuve d'anglais (un sujet qu'au début je classai apparemment comme étant indigne de ma personne) qui me confronta à la question : *Does your friend speak German?* Malgré mon inattention permanente, j'avais du moins remarqué qu'en anglais on écrivait les noms propres avec une majuscule, donc je griffonnai ma réponse, imperturbable, dans le cahier : *Yes, German is my friend.*

À partir de la cinquième, nous apprîmes le latin. Un fiasco de six ans ! Le fait que je n'échouasse jamais était uniquement dû au professeur qui avait apparemment senti mes talents (qui n'étaient pas en latin) et m'entraînait obstinément par les oreilles jusqu'au bac.

Ensuite, les vacances avant l'entrée au lycée me réservèrent la découverte du français, langue étrangère. Comment dire : ce fut le coup de foudre ! Pendant la première année de français, je laissai mes camarades de classe loin derrière, et après, je commençai même à apprendre d'autres langues romanes en dehors de l'école. Ce fut (et cela me donne toujours) un plaisir énorme d'apprendre ces langues et d'en essayer bien d'autres, comme l'arabe. En outre, chaque langue m'attirait par sa littérature, par ses romans et les narrations d'autres cultures, par la poésie et le théâtre. Je m'étonnai de l'usage déviant des termes littéraires et je sus énumérer des noms d'auteurs dont mes camarades n'avaient jamais entendu parler auparavant.

Les livres (I)

Mon apprentissage littéraire n'inclut donc ni patois ni dialecte, mais uniquement l'allemand standard de l'Autriche et la langue écrite allemande. J'avais commencé à lire des livres assez tôt, au temps de l'école élémentaire, juste après avoir développé, grâce à l'appui de ma mère, une certaine capacité à la lecture. Je me rappelle une série de livres de jeunesse dans laquelle tous les ouvrages avaient un dos rouge foncé. Une collection de littérature classique, en partie écrite pour la jeunesse, et des monuments de la littérature mondiale, abrégés et simplifiés. Il y avait *L'Île au trésor* ainsi que *Les Aventures de Tom Sawyer*, *Moby Dick* et *Les Voyages de Gulliver*. Ce n'est que des années plus tard que je remarquai qu'on m'avait nourri (sans arrière-pensées) principalement avec des traductions de littérature anglo-américaine. Peut-être cette collection contenait-elle également 20 000 *mille lieues sous les mers* ou *Pinocchio*, mais dans ce cas, je l'ai oublié. En revanche, je me rappelle un livre sur un garçon indien qui vivait dans les forêts des Appalaches, probablement au XVIIe ou XVIIIe siècle ; à la suite d'une épreuve de courage, il s'égara et lutta pour grandir. Je pense que ce n'était pas une œuvre célèbre, car le titre disparut sans laisser de trace dans le brouillard de mon enfance passée.

Pour Noël, je composai des listes dans lesquelles je notai méticuleusement quel membre de ma famille aurait à m'offrir quel livre. Pour ma grand-tante, je sus me frayer un chemin à travers le catalogue d'un club de lecture ; pour les autres, je pus agir plus librement. En règle générale, mes efforts réussirent – mes parents m'assurèrent que mes demandes de livres furent exaucées. Je n'avais peut-être pas encore dix ans que je commandais *Les Quarante Jours du Musa Dagh* de Franz Werfel. Il se peut que la couverture bariolée m'ait attiré parce que la lecture de ce gros bouquin n'advint que des décennies plus tard. Au temps du collège, je bâtis une collection des livres de Karl May que je tenais pour *vachement célèbres* mais dont je lisais seulement ceux qui se jouaient en Amérique du Nord ou du Sud. Lorsque je compris, grâce à une émission de télévision, que Karl May était presque inconnu en dehors des pays germanophones, je fus choqué. Mes listes de souhaits de Noël contenaient des récits historiques, des documents et les premiers classiques de la littérature mondiale. Quand, vers l'âge de quinze ans, je découvris la science-fiction anglo-américaine avec mon copain Peter, et dévorai des livres anglais par lots, je les achetai déjà moi-même (heureusement, les livres de poche SF étaient très bon marché). En outre, le désir d'écrire des histoires de science-fiction moi-même évolua et, de fait, je torturai les enseignants d'anglais et de français parce que c'étaient eux qui avaient à corriger mes feuilles remplies d'histoires époustouflantes (ce qu'ils faisaient volontairement – un merci tardif pour cela !).

Je ne peux plus dire à quel moment je devins plus « littéraire ». Cependant, ma première lecture de *Le Procès* de Kafka resta dans ma mémoire : je ne compris presque rien et je fus tourmenté par un texte ennuyeux dans lequel je ne savais même plus ce que j'avais lu deux pages auparavant. Aujourd'hui, cet épisode me fait sourire et secouer la tête puisque je considère le *Procès* de Kafka comme l'un des plus grands romans de la littérature mondiale.

C'est également la littérature mondiale qui me fascina lors des préparations de mon bac d'allemand. Ma liste de lecture fut tellement remplie de livres en langues étrangères (avec leurs traductions bien sûr) que ma professeure me pressa de la reconsidérer et d'y ajouter un peu plus de Goethe-Schiller-Stifter-Schnitzler.

Ce que je fis à contrecœur. (Ensuite, je fus déçu parce qu'elle ne me posa pas une seule question sur la littérature mondiale que je pensais si géniale.)

Dans l'année de la terminale, je souhaitai de mes parents pour Noël le nouveau coffret de l'œuvre complète de Paul Celan. Comme il n'y eut rien sous l'arbre, je me sentis terriblement déçu, mais je gardai ma bouche courageusement serrée. Ce n'est que lorsque ma mère me prit à part, me révéla que la livraison de l'éditeur avait pris trop de temps et me remit un bon, que la soirée fut sauvée (et que j'eus secrètement honte d'avoir réagi de façon tellement larmoyante). Après les jours de fête, je me rendis chez le libraire proche de la cathédrale de Saint-Étienne (la librairie n'existe plus aujourd'hui) pour dénicher mon nouveau trésor.

Les démarcheurs

J'ai peut-être oublié de mentionner ceci : beaucoup d'écrivains ont écrit des notes, des essais ou bien des livres entiers sur ce thème. Il est évident que je connais de tels textes et qu'ils ont tendance à m'influencer. De toute façon – et c'est pour cette raison que j'ai indiqué un oubli –, c'est la littérature même qui me posa la question du *pourquoi*. Au cours de mes études philologiques, à maintes reprises, je rencontrai différents commentaires.

Un des premiers qui me confronta au *pourquoi écrire* fut Jean-Paul Sartre. Un auteur et philosophe dont j'aimais les écrits depuis l'école. Je dévorai les pièces de théâtre et les romans, m'initiai à la philosophie sartrienne et aux livres autobiographiques, et finalement je trébuchai sur le livret *Qu'est-ce que la littérature ?* Moins en tant qu'étudiant qu'en tant qu'auteur en herbe, je dévorai cet essai (et je l'ai lu une seconde fois plusieurs années plus tard). Conformément à sa conception de l'existentialisme, Sartre se raidit à la thèse selon laquelle la littérature ne devait jamais exister sans engagement (politique), au risque de rien valoir dans le cas contraire. Dans l'essai, il donne des exemples, met en relief l'engagement politique ou social de nombreux textes contemporains, mais attaque en même temps les auteurs plutôt dédiés à l'art seul, issus du symbolisme, ou qui estiment le concept de *l'art pour l'art*. Selon Sartre, la littérature est toujours écrite pour autrui, donc il n'y aurait aucun sens à la concentrer sur l'art lui-même.

L'essai de Sartre m'impressionna sans aucun doute. Il flatta la conception du monde que j'eus dans ma jeunesse ; et quand je relis une de mes publications (que je trouve alors épouvantable) dans un des magazines littéraires de l'époque, je comprends que je voulus aussi agir dans le grand contexte sociopolitique et que j'aspirai à démontrer cet engagement par mes écrits. Néanmoins, la lecture du livre de Sartre me causa un sentiment de malaise : je n'aimais point qu'il condamnât de nombreux auteurs (que j'appréciais souvent). Au fil des années je conclus que *l'engagement* de Sartre constituât *un* motif de l'écriture littéraire mais pas le seul, et surtout pas un motif obligatoire.

Dans son livre *How to write*, Gertrude Stein sauta une étape et ne posa jamais la question de savoir pourquoi on écrit ou devrait écrire. Elle l'accepta sans commentaire et se concentra sur la technique d'écriture et la compétence linguistique que les écrivains devraient intérioriser afin de produire de la bonne littérature.

George Orwell consacra sa (courte) vie au langage politique et idéologique. Sa raison d'écrire était un engagement politique, dans l'esprit de Sartre et, à la question de savoir pourquoi il avait choisi ce chemin, il indiqua dans le court essai *Why I write* ses expériences de jeune homme dans les colonies britanniques et, peu après, dans la guerre civile espagnole. Les notes de l'écrivaine catalane Montserrat Roig (elle aussi mourut beaucoup trop jeune) évoquent des circonstances semblables : elle consacra sa vocation à écrire sur l'oppression à laquelle la population catalane fut brutalement exposée sous Franco. Son compatriote Josep Pla, qui créa une magnifique œuvre littéraire pendant cette dictature, ressentit probablement une motivation similaire.

Dans l'essai *Why write?*, Paul Auster prétendit qu'il aurait commencé à écrire plus ou moins par accident, tout simplement parce qu'il s'habitua à porter sur lui un crayon après n'avoir obtenu aucun autographe de la star de baseball qu'il admirait à l'âge de huit ans, faute de stylo. À un moment, expliqua-t-il, on commence à l'utiliser – et c'est de cette façon qu'il serait devenu écrivain.

Beaucoup de mes collègues trouvent une bonne, et peut-être longue, explication à pourquoi ils écrivent ; quelques-uns, comme Sartre, savent définir toute une théorie pour leur travail, et ils le justifient comme ça.

Cependant, j'ai mes doutes. Je ne peux pas vraiment imaginer que quelqu'un puisse créer de la littérature si cette capacité ou disposition à écrire n'est pas déjà ancrée dès le début dans la personnalité du futur écrivain. La production de textes pourrait apparaître tôt ou bien tard, mais je ne crois pas à une motivation qui se trouve entièrement à l'extérieur.

L'école

L'école affecte-t-elle la formation des auteurs ? Je pense qu'on pourrait en effet le penser d'une manière ou d'une autre. Il est incontestable que nous apprenons à lire et à écrire à l'école. Nous sommes confrontés aux livres et à la littérature (du moins, c'était le cas pendant les années 1970 et 1980) et nous sommes encouragés à interpréter des nouvelles et de la poésie. (L'interprétation des poèmes peut être comparée en quelque sorte à l'industrie alimentaire : d'abord, on décompose l'ensemble en ses parties constituantes, puis on les réassemble selon une nouvelle recette.) L'enseignement de l'allemand (ou les cours de langue en général) est sans doute formateur, et les enseignants ont l'opportunité et le pouvoir de promouvoir un talent linguistique et narrateur, ou au contraire de l'écraser. Aujourd'hui, je suis certain que mes professeurs étaient parmi les promotrices et les promoteurs, sans que je sache dans quelle mesure ils en étaient conscients.

Mais j'aimerais commencer tout au début : à ma surprise, j'ai gardé très peu de souvenirs de l'école primaire, et je devais croire ma mère quand elle disait que mon institutrice avait accordé une grande importance à la bonne maîtrise de la langue allemande ainsi que de l'orthographe parmi ses élèves.

Ce fut autour du cours élémentaire ou moyen que je récupérai de petites images à gratter, dans des papiers de gomme à mâcher et d'autres bonbons, pour coller dans des cahiers et sur des feuilles (et certainement aussi sur d'autres objets). Chez ma mère, je mendiai pour un cahier de vocabulaire à trois colonnes vide que je considérai désormais comme mon secret personnel. Chaque soir et souvent déjà au lit, j'écrivis une petite histoire et collai des images correspondantes entre les lignes. Il s'agissait de pirates et de Chinois, d'aventures en mer et de combats contre les monstres que je soupçonnais dans l'océan. Parfois, une histoire devenait trop longue pour une seule page, alors j'utilisais une page double ; bien sûr, cela devait être une page gauche avec sa page correspondante à droite, parce que je détestais (et je déteste encore) devoir tourner la page au plein milieu d'un conte. Je composais les textes soigneusement à l'encre et en caractères scripts, qu'on appelait chez nous *écriture des farfadets*, afin que la postérité pût un jour déchiffrer ma griffe. Quand je me trompais et devais réécrire ou supprimer un mot, j'étais terriblement agacé et me fâchais d'une manière exagérée, car je développais déjà un certain sens pour l'esthétique. Je voulais en effet créer un *très joli livre d'histoires*.

Aujourd'hui je suis navré que cette tentative enfantine d'écrire n'ait pas survécu.

Je trébuchai sur le prochain jalon, si c'en était un, en sixième. Ce fut l'idée d'écrire une pièce de théâtre, de la répéter avec les camarades de classe et la présenter au sein de l'école. Un professeur d'allemand (c'est-à-dire pas le mien) accepta de surveiller nos répétitions les après-midis, ou officiellement, de nous accompagner (ce qui le conduisit à s'endormir régulièrement et à ronfler bruyamment). Nous achetâmes du papier crépon, de la colle et des cartons colorés parce que nous eûmes la tâche de confectionner des costumes romains et gaulois avec le peu de ressources dont nous disposâmes. Dans ma pièce, il était en effet sujet des irréductibles gaulois de l'Armorique – une copie simpliste d'un tome d'Astérix dont je voulais mettre en scène l'idée centrale.

La première déception arriva quand j'eus fini ma pièce et l'eus apportée à la classe : ce ne furent que trois pages, tapées en lignes serrées sur des feuilles standard pour la machine à écrire ; oui, mais seulement trois pages qu'on aurait pu jouer en un maximum de vingt minutes. Mes camarades firent des grimaces et exprimèrent nettement leur indignation soudaine. L'affaire fut vite entendue et le professeur n'eut plus envie de rester à l'école durant l'après-midi (peut-être qu'en réalité nous fûmes trop bruyants pour son sommeil bien mérité). Je me sentis profondément désolé, mais d'autre part, j'eus de la chance que ma sottise ne se transformât pas en un désastre encore plus grave.

En quatrième nous reçûmes une nouvelle enseignante d'allemand, une femme très jeune.

La prof

Elle venait de passer son examen pour la licence d'enseignement et commençait à travailler à notre collège-lycée en tant que professeur d'allemand, puis de mathématiques : Christine Hollmann. Comme on l'exige des jeunes professeurs, elle était très engagée et motivée. Je pense que nous représentions son premier cours, et c'est comme ça qu'elle se heurta contre : moi.

Bien que cela n'ait jamais été mon style, j'agis de façon insolente, insoumise et arrogante durant les premières semaines et mois de sa présence. Je ne l'écoutai pas et je l'ignorai, je ne donnai aucune réponse ou, au mieux, fis livrer celle-ci par mes camarades. Peut-être me sentai-je supérieur à une enseignante que je crus faible, peut-être que cette fois, moi, je voulus être le connard de la classe – franchement, je n'ai aucune idée de quel démon me posséda alors.

Cependant, mademoiselle la professeure persévéra. Elle essaya de rester factuelle et me cacha sa colère, et certainement aussi son désespoir. Elle loua la qualité linguistique de mes rédactions punitives bien que je l'aie enquiquinée régulièrement avec le comptage des mots.

Et finalement, elle fit quelque chose – peut-être des semaines trop tard mais, après coup, juste à temps –, qui fut l'unique action juste dans cette situation : elle convoqua ma mère. Je ne craignais rien de pire (ce que la prof ne pouvait pas encore savoir).

Je me souviens bien du jour où ma mère vint la voir. Hollmann était l'enseignante de notre leçon finale, donc elle nous accompagna au vestiaire. J'eus mal au ventre et je l'approchai pour lui demander comment ma mère avait réagi. Mais au lieu de donner une réponse, elle sursauta avec un air incrédule (je crois même qu'elle faillit me serrer dans ses bras) et s'écria : « Mon cher Klaus, tu me parles enfin ! »

À partir de cette conversation, mes actions insensées furent terminées. Peu après, je ne fus même plus capable d'expliquer ce démarrage manqué. Par ailleurs, puisque notre prof était considérée comme plutôt stricte et autoritaire au temps du lycée, je ne cessai de penser que je l'avais *abîmée* avec mes caprices. (Aujourd'hui, je sais : elle a pu conserver sa motivation et sa personnalité accueillante.)

Pourquoi dis-je tout ceci ? Grâce à cette enseignante, j'ai profité d'un excellent cours d'allemand durant cinq ans. Il est vrai quand même que mon attention connut des *fatigues* et je me souviens de plusieurs situations pendant mes études de philologie allemande à la faculté où je pensai : ouille, ça, je l'ai déjà entendu une fois dans les leçons de Mlle Hollmann ! Elle nous avait présenté l'histoire de la langue allemande et une initiation au moyen haut allemand ; quant à la littérature, j'avais eu toutes les libertés, par exemple dans le choix des thèmes pour les rédactions que nous avions dû écrire.

Ce fut cette prof d'allemand qui nous introduisit (mon ami Peter et moi) au concours *Jeune Littérature d'Autriche* organisé par la maison d'édition *Bundesverlag*. Probablement voulait-elle seulement que notre classe participât aux évaluations des textes présentés (car, ainsi, on aurait pu gagner une récompense pour la classe) mais Peter et moi n'hésitâmes à aucun moment de présenter nos propres écrits.

Nous avions dix-sept ans et jusqu'alors, nous avions écrit seulement des histoires de science-fiction et des anecdotes, toutes bourrées d'exagération et d'imagination débordante, dans nos devoirs et compositions. Je ne me rappelle plus le déroulement précis, mais ce moment-là, cette démarche au concours d'écriture littéraire que la prof nous avait présentée, marqua le début d'une production littéraire permanente et sérieuse. Sans doute avais-je encore beaucoup de choses à apprendre, et le chemin devant moi était long (ce dont je n'avais aucune idée à l'époque). Le prix jeunesse pour la littérature, organisé par une grande banque autrichienne (*Die Erste Österreichische Spar-Casse*), que je reçus durant l'automne après mon baccalauréat – avant tout grâce au plaidoyer du critique et membre du jury Hans Weigel –, correspondit au mieux à un pas minuscule et vacillant vers la vie d'auteur, bien qu'alors je pensasse autrement.

Les livres (II)

À l'origine, je voulus étudier l'interprétation. Puis j'effectuai un échange contre la traduction, après avoir réalisé que je n'étais même pas capable de répéter un texte prononcé à la radio – situation lamentable quand on envisage de faire de l'interprétation simultanée. Mes talents étaient toujours et clairement dans l'écrit. Je commençai à étudier aussi les philologies anglaise et romane, mais en deuxième année de faculté, j'abandonnai l'anglais et je fis du français ma matière principale, en y adjoignant la philologie allemande comme seconde matière. J'entrepris ces études supplémentaires parce que l'institut de l'interprétariat n'avait rien à voir avec la littérature. Des textes spécialisés y sont traduits : en économie, en droit et en technologie, puis peut-être des articles en sciences humaines, qui comprennent aussi les études littéraires. Mais personne n'y traduit d'œuvres littéraires.

Dans les instituts de philologie, j'avais le droit de traiter régulièrement la littérature et d'élargir ma bibliothèque – cette fois avec des livres en langue française – et je trouvai du temps pour écrire mes propres textes (en passant).

Tandis que les auteurs existentialistes glissèrent à l'arrière-plan, je fis connaissance avec le Nouveau Roman et j'appréciai particulièrement les livres d'Alain Robbe-Grillet. Je découvris André Gide et fus séduit par son premier roman *Paludes* ; les professeurs de l'institut m'initièrent avec le *Journal* de Gide, et l'ouvrage tardif *Thésée* me parut une perle linguistique. La prose de Nathalie Sarraute me sembla pourtant encombrante et illisible, et il me fallut des années pour finalement savourer l'art de son langage finement ciselé.

Les noms apparurent en si grand nombre qu'il me manque la vue d'ensemble. Cependant, je soupçonne que c'est la littérature française qui m'influença le plus dans ma créativité littéraire.

Ma deuxième langue m'ouvrit la porte à la littérature italienne : Cesare Pavese et les romans complexes du point de vue linguistique de Carlo Emilio Gadda. Mon favori devint pourtant Italo Calvino : une conférence me présenta le livre magnifique (qui consiste en plusieurs débuts de romans) *Se una notte d'inverno un viaggiatore* et j'aime toujours feuilleter et lire les contes scientifico-bizarres des *Cosmicomiche*.

L'association

Mes camarades fondèrent l'association littéraire sans mon intervention, mais Peter assura que je pouvais y participer presque dès le début. Nous étions une poignée de jeunes gens qui, non seulement écrivaient, mais voulaient également publier leurs textes. L'association éditait le magazine littéraire *TEXTE* (oui, en majuscules) : on aurait dit des pages et des blocs de texte dactylographiés sur la machine à écrire, collés sur une feuille modèle, puis copiés et agrafés par plusieurs centaines. Et bien sûr, tout était manuel. Les quelques livres et brochures que nous éditâmes nous-mêmes peu après furent également produits de cette manière.

Aujourd'hui, presque tous les textes publiés alors me semblent embarrassants : langage maladroit, défectueux, parfois même ridicule en ce qui concerne le contenu. La nécessité de livrer obligatoirement des exemplaires de toutes nos œuvres à la Bibliothèque nationale d'Autriche est à blâmer du fait que nous ne pouvons plus annuler nos *bousillages*.

Outre les nouvelles et les poèmes publiés (et qui ne ressemblent à absolument rien de ce que j'écris aujourd'hui), je rédigeai également des romans et des pièces de théâtre à cette époque. Je complétai quatre romans au total. Heureusement, il n'en reste plus rien, mais cela me montra ce que cela signifie de planifier, élaborer et mener à terme un gros morceau de prose comme l'est un roman. Avec ces œuvres, je prouvai probablement à moi-même que je *savais* le faire (tandis que les drames furent plutôt un drame et prouvèrent que je *ne savais pas* le faire).

Nous créâmes des textes engagés. (Sartre les aurait aimés !) Nous écrivîmes avec beaucoup de zèle contre la guerre, pour l'égalité des droits de la femme, contre la violence et pour la protection de l'environnement (qui était encore à ses balbutiements à cette époque). Nous pensâmes que nous pussions améliorer le monde avec nos textes et rêvâmes entre naïveté et arrogance. Eh bien, ç'aurait même pu aboutir à quelque chose.

Finalement je commençai un roman nouveau. Jusqu'en 1987, parce que cette date désigne l'année qui arrêta net toutes mes intentions, mes plans et mes rêves.

L'interruption

L'an 1987 apporta plusieurs ruptures. À l'université, j'ouvris les derniers chapitres de mes études et je commençai à travailler en tant que traducteur indépendant (curieusement rarement dans mes langues, le français et l'italien, mais plutôt avec des textes portugais et anglais). Notre association littéraire révéla une tendance à se dissoudre, et les collègues s'orientèrent à des professions complètement différentes. J'achetai mon premier ordinateur (un PC avec un processeur 8088 et un disque dur de 20 Mo [!] qui à ce moment-là me sembla absolument surdimensionné) car j'avais compris que j'avais besoin d'un traitement de texte pour pouvoir offrir des services de traduction professionnels. Mais le tournant le plus important fut la naissance de mon premier enfant.

Soudainement forcé de subvenir aux besoins d'une famille, et sachant que mon revenu littéraire annuel ne suffisait même pas pour survivre pendant une seule semaine, je cherchai ailleurs, écrivis un livre pour l'éditeur Data Becker sur le traitement de texte que je maîtrisais de mieux en mieux, et commençai à enseigner ce logiciel dans un centre de formation peu de temps après. Mais surtout, le rôle de père de famille fut nouveau et initialement assez accaparant, et sur le carreau resta : la littérature.

J'avais fini d'écrire. Enfin, c'est ce que je croyais. La formule *pour l'instant* glissa dans mon esprit, mais je tentai de l'ignorer. Après 1987, plus aucun texte ne serait écrit. Ça, je le croyais aussi. Avec le recul, tout ceci me semble un peu différent. Certes, il n'y eut plus de nouvelles, plus de prose courte et bien sûr plus aucun roman nouveau. Notre association littéraire s'enterra en toute tranquillité et je perdis tous mes contacts. Mais ce qui restait et ne pourrait jamais être éradiqué était ce sentiment pâle qui me disait que j'étais quand même un écrivain !

Ce que je considérai comme moins concluant fut une activité qui me paraît maintenant comme un acte de substitution. J'écrivis des livres et des articles informatiques pour des magazines spécialisés en Autriche, en Allemagne et – en anglais – au Royaume-Uni. Des livres sur des traitements de texte, un tableur et la publication assistée par ordinateur (plus court : *PAO*). Tout cela n'avait rien à voir avec l'écriture au sens étroit, c'est-à-dire littéraire. C'était donc comme ça ? Eh bien, je ne fis rien de littéraire durant cinq ans et j'en souffris énormément. Mes textes informatiques allèrent de soi et je ne vis aucune connexion à la littérature. Ce n'est que beaucoup plus tard que je commençai à comprendre que cette activité avait renforcé et aiguisé ma compétence littéraire. (Si on vous demande de présenter une suite bureautique sur exactement quinze lignes dans une colonne étroite du magazine, vous apprenez automatiquement à maîtriser la langue et à ne jamais plus accepter l'inverse.)

Il y eut des tentatives répétées pour recommencer à écrire des contes, ce qui me mena jusqu'à l'idée d'écrire des histoires bizarres qui se déroulent dans le monde mystérieux des ordinateurs, afin d'offrir ce recueil à une maison d'édition spécialisée en informatique. Mais rien n'en sortit et le papier resta aussi vide que ma tête. De ces années, je ne conservai qu'un tas de notes de journal (pas tellement intime) sur des feuilles que j'assemblerais plusieurs années plus tard.

Mon fils avait cinq ans ; nous étions en 1992. Nous avions la chute du mur de Berlin derrière nous et je gagnais ma vie en tant qu'instructeur de logiciels. J'avais travaillé tard dans la nuit ce jour-là, préparant probablement un nouveau séminaire. Peu avant minuit, j'éteignis mon ordinateur et allai à la salle de bain. D'une certaine façon, je me sentis très étrange : quelque chose de léger sembla s'emparer de moi, comme si je m'envolais ; je pensai à l'air qui glissait entre mes doigts. Après m'être brossé les dents, mon cœur se mit à battre fort et je me couchai. Et soudain, je le vis clairement : le saut, l'ascension dans les airs, la tour Eiffel en dessous de moi, je ressentis les rais du soleil sur ma joue et comment l'air doux glissa sur mes mains et passa entre mes doigts.

Fébrile et calme en même temps (pour ne pas réveiller ma famille), je me levai, et au salon je griffonnai une note et remplis toute une feuille ; tout ceci se passa à un rythme prodigieux. De retour au lit, je restai éveillé pendant des heures. Le lendemain, je me rendis tout de suite devant l'ordinateur et tapai les quelques pages de ma narration sans m'interrompre. À cause d'un plantage du système d'exploitation (sans que j'eusse déjà sauvegardé les données récentes), mes nerfs manquèrent de craquer et je dus tout recommencer.

Avec une excitation que je n'avais jamais connue auparavant, apparurent *Höhenflug* (*Envol*) et le serment ferme de ne plus jamais renoncer à écrire.

Les livres (III)

Et encore une fois les livres. Ils m'accompagnent chaque année, chaque décennie. Mais *les livres* que je lis changent. Ce n'est pas seulement une conséquence de mon âge qui progresse, mais aussi des thèmes qui m'intéressent pour différentes raisons (et qui peuvent être de nature purement privée ou bien professionnelle). Au début des années 2000, en particulier : en 2001 et 2002, j'eus l'opportunité d'assister aux congrès de technologie de l'information tenus par la société Microsoft, au nom de l'entreprise où je travaille et gagne ma vie. Ces congrès eurent lieu à Barcelone.

J'avais commencé à me familiariser avec la langue catalane à l'âge de dix-sept ans. Pendant mes études des philologies romanes, je m'intéressai à la culture catalane, qui à l'époque représentait au mieux un lieu secondaire à la fac. Pour le mémoire final, je cherchai un sujet qui concernait la Catalogne, mais je dus l'écrire en français.

Alors que je parcourais la capitale catalane dans le cadre du programme de la soirée des congrès informatiques et que j'envahissais diverses librairies qui, à mon ravissement, avaient des heures d'ouverture beaucoup plus longues qu'en Autriche (jusqu'à neuf ou dix heures du soir était assez courant), mes compétences linguistiques ne dépassaient pas encore un niveau plutôt rudimentaire, malgré les efforts de mon ami Joan, professeur, qui m'avait fourni beaucoup d'informations et du matériel d'apprentissage depuis le *principat*. À mon retour des congrès de Barcelone, je portai un total d'une cinquantaine de livres dans ma valise : de la littérature catalane actuelle et des livres sur des sujets politiques, culturels et juridiques.

C'est difficile à se représenter comme ça ; en tout cas l'espace libre sur mes étagères diminua de nouveau, et sensiblement.

Cependant, en à peu près deux ans et demi, je lus tous ces livres ; plus de sept mille pages au total. Cette lecture, que je n'avais *a priori* pas anticipée, forgea la base d'une solide compétence linguistique et déclencha de façon spontanée ma production littéraire en catalan.

Ma bibliothèque continua de grandir. Le protagoniste dans un de mes romans étiquète avec humour ses trésors de livres comme la première, la deuxième et la troisième bibliothèque. *Moi*, je n'ai jamais fait une chose pareille, mais elle me conviendrait.

Les Catalans

Ce fut dans la nuit que ça m'arriva. (Il est clair qu'il faisait sombre – chaque nuit est obscure !) Je venais de me coucher mais je ne pouvais pas dormir parce que des mots et phrases divers hantaient mes pensées – curieusement c'étaient des phrases catalanes.

Je rallumai la lampe, tirai une feuille de bloc-notes du bureau et, avec un crayon, je gribouillai cette bribe de phrase qui flottait dans ma tête. Et puis une autre. Et encore une.

Comment dire ? Je regardai les lignes sur ma feuille et les lignes me regardèrent aussi. Et après nous être regardés un certain temps, je murmurai : « m'enfin, c'est un poème… »

Les jours suivants, de nouvelles notes se manifestèrent. Bien sûr, je savais que l'intensive lecture catalane des mois passés s'était émancipée dans mon cerveau. Des mots et des phrases autonomes, que j'avais certainement lus quelque part, s'arrangèrent en quelque chose de nouveau dont je ne savais pas encore quoi penser. Je décidai de tout rassembler. Quelques semaines plus tard, je possédai un fichier dans le traitement de texte avec un peu plus d'une centaine de pages. Séparé en trois sections, il contenait différents types de poésie. Dans l'une, les poèmes étaient très courts, ressemblaient presque à des haïkus ; dans la deuxième, il y avait de petites histoires et des événements courts et indépendants ; et la troisième section recueillait mes contemplations sur les trois villes qui déterminent en quelque sorte toute ma vie : Vienne, Paris et Barcelone.

Toujours indécis quant au chemin à suivre, je décidai de chercher conseil. Je contactai mon ami catalan Josep, un écrivain de renom, et lui présentai mon cas. Au fond, je le suppliai de me dire franchement s'il trouvait que mes écrits étaient *de la merde*.

Mais rien de tel n'arriva. Au contraire. À ma grande surprise, il aimait ces poèmes, et il mit en relief les courts en particulier, qui ne portaient pas de titres. Les corrections qu'il ajouta dans mon dossier étaient encore plus surprenantes, car il avait trouvé étonnamment peu à se plaindre dans les versets. Dans environ un quart des poèmes, il avait marqué des erreurs – parfois des fautes d'orthographe, parfois un mot inapproprié ou une expression difficile à comprendre – et il n'avait pas touché le reste.

Presque rien de ces tout premiers poèmes ne survécut. L'un ou l'autre trouva sa place dans la première publication de poésie sous une forme modifiée, mais je supprimai tous les autres. Josep (qui est connu dans les Pays catalans sous le nom de J.N. Santaeulàlia) rédigea une préface à ma première œuvre catalane, *Vermells*, qui deviendrait aussi mon premier livre traduit en français (*Vermeils*). Je réussis à publier l'ouvrage chez une maison d'édition catalane, dans une édition bilingue, car j'y avais inclus une traduction allemande. (L'idée originale pour effectuer cette traduction fut que je pouvais alors vendre le livre aussi en Autriche et Allemagne. Cependant, je fus très étonné quand je réalisai à quel point il était exigeant de traduire ma propre poésie dans ma propre langue maternelle !)

Sans les réactions ultérieures des Catalans, cela ne serait probablement jamais resté qu'une expérimentation insolente et osée. Mais je suscitai l'émoi avec mon livre *rouge*. J'avais moi-même pris contact avec le quotidien AVUI, et le rédacteur en chef demanda immédiatement à une de ses collaboratrices d'écrire un article à mon sujet. Après un contact bref par courriel, dans lequel j'essayai de répondre le plus précisément possible à ses questions (bien sûr il y avait aussi le « *pourquoi* j'écrirais en catalan »), son article parut dans la section culturelle, et me coupa le sifflet : une page entière en grand format comprenant une photo géante de moi (qui à son tour souleva le doute en moi qu'elle ne voulait pas écrire autant). Un jour plus tard, la rédaction de la radio catalane, *Catalunya Ràdio*, m'appela soudainement par téléphone. Ils auraient déjà essayé de me contacter de différentes manières (en fait mon éditeur m'en parlerait plus tard) et voulaient faire une interview avec moi dans un magazine populaire en début de soirée. En direct et le jour même. Je me souviens encore très bien de ma nervosité, mais le modérateur de la série avait tout sous contrôle, il parlait d'une telle manière (donc un peu plus lentement et clairement) que je compris chaque mot sans difficulté et que je sus répondre à toutes ses questions. (Ensuite, j'avouai à la rédaction dans un e-mail combien j'avais tremblé de nervosité et que je devais maintenant changer mon t-shirt trempé de sueur). Un journal en ligne publia bientôt une critique de mon livre par une de mes amies poètes, Marta Pérez i Sierra, et quelques mois plus tard, je découvris par accident qu'il y avait un article sur moi dans la prestigieuse *Enciclopèdia Catalana*.

Au moins *une raison* importante pour écrire était la motivation fortement stimulée par l'accueil de mon livre de poésie catalane par les Catalans.

Je ne vis aucune raison de m'arrêter et j'écrivis encore d'autres livres de poésie. D'autre part, je restai toujours méfiant à l'égard de la qualité linguistique et littéraire de mes poèmes. Pour quelle raison ? Cela s'explique simplement : je savais que beaucoup de Catalans se sentaient flattés parce que moi, non-catalan, j'écrivais des poèmes catalans sans aucun lien familial avec ce pays, en une langue sous pression politique, ignorée et presque inconnue à l'échelle internationale. Je soupçonnai qu'ils pourraient estimer et louer ma poésie uniquement pour cette raison. Mais encore quelques années plus tard, concrètement en 2014, je remportai un prix de poésie catalane (*Premi de Poesia Parc Taulí*) grâce à un nouveau manuscrit avec lequel je m'imposai face à tous les locuteurs natifs. Désormais, il n'y avait aucune échappatoire et j'acceptai le fait que si mes poèmes n'étaient pas assez bons, ils ne m'accorderaient pas un prix littéraire.

La réponse à la question de savoir pourquoi j'écris de la poésie catalane semble complexe et, surtout, pas rectiligne. Ce qui était survenu plus ou moins par hasard sur la base de mes lectures fut tellement enflammé par la réaction enthousiaste des Catalans, que cette habitude assez insolite pour un Autrichien fait déjà partie intégrante de ma littérature. Entre-temps, il s'avère même que les poèmes catalans me paraissent beaucoup plus faciles à composer que les poèmes allemands. Cela semble bizarre et c'est certainement le cas. Mais peut-être est-ce parce que, comme Samuel Beckett l'a exprimé une fois dans sa situation similaire et bilingue, dans ma langue étrangère, je bouge plus librement, d'une manière décontractée et en quelque sorte avec plus de courage.

Le pourquoi

La question du *pourquoi* fonctionne-t-elle ? Une réponse comme « parce que je dois » sonne tellement banal. Et c'est précisément cette banalité qu'on me reprochait quand j'ai en effet répondu de cette manière.

Il se peut que ce devoir, ce *devoir écrire*, soit banal. Par ailleurs, cela pourrait signifier que beaucoup d'écrivains l'éprouvent parfaitement comme ça.

Toujours devoir écrire, ne pas être capable d'abandonner, être poussé à le faire – ces notions accompagnent l'histoire de la littérature. Franz Kafka évoqua même une maladie inguérissable dans ce contexte.

Les autrices et les auteurs souffrent parfois de l'angoisse de la page blanche (voilà un cliché de plus dans le monde littéraire) mais ils n'envisagent pas d'abandonner l'écriture. Au cas où ils essaient en effet de terminer leur activité littéraire, ils se rendent compte (comme moi) qu'ils n'en sont point capables. Qui écrit ne cesse pas, tout simplement. Les écrivains savent peut-être faire beaucoup de choses, sauf : abandonner l'écriture. (Et quand j'apprends que quelqu'un réussit quand même à mettre fin à sa profession, je crois qu'il n'avait jamais été sérieux avec la littérature.)

Le développement de l'écrivain ne connait pas de règle. Les démarches sont différentes, ainsi que les processus créatifs et ce qu'on connait sous le nom d'inspiration. La recherche de la motivation des autrices et des auteurs mène toujours à des découvertes inattendues ou s'éteint à cause d'une pénurie de preuves.

Pour *moi*, la présence d'un cahier (ou d'un bloc-notes) ne représentait jamais une règle. D'ailleurs, il me semble fort exagéré de dire que la disponibilité seule de ces objets puisse déclencher la création littéraire. Quant à moi, j'ai très souvent de nouvelles idées lorsque je n'ai aucune chance à les noter : nu et mouillé dans la douche, quelque part en route et sans moyen d'écrire, dans une réunion importante avec mon employeur. Il n'est pas rare que la plupart de ces idées disparaissent à tout jamais, ce qui me rend triste (et grognon), et que je réussisse à n'en retrouver que certaines. Peut-être est-ce dû à ma mémoire qui n'est *pas toujours* fiable, ou bien cela a-t-il du sens parce que les idées qui ne reviennent jamais ne résisteraient pas à un examen plus approfondi, faute de valeur suffisante qui justifierait qu'elles soient gardées.

Au fond, je n'aime pas ce *pourquoi*. Il me paraît dur, gluant et dégoûtant. J'ignore pour quelle raison ce *pourquoi* se présente en tant que question. Je pense même que celle-ci échappe à ma compréhension. Qui plus est, il n'y a aucun doute que cette question me poursuivra et me retrouvera où que je cherche à me dissimuler. Le *pourquoi* est un compagnon mal aimé qui m'oblige à le prendre en considération. Perpétuellement.

Et maintenant ?

J'écris parce que c'est l'expression de moi-même. J'écris parce que cela signifie être humain et faire partie de notre société. J'écris parce qu'il le faut. J'écris parce que la Terre tourne autour du Soleil, comme le font les autres planètes, et comme notre étoile tourne autour du centre de la Voie Lactée, parce que le nombre et les dimensions des astres dépassent de loin notre capacité intellectuelle et que nous n'en savons que si peu.

J'écris parce que je suis.

Klaus Ebner est né à Vienne (Autriche) en 1964. Aujourd'hui, il vit à Schwechat avec sa famille. Pendant les années 1980, il a fait des études de philologies romane et allemande. Prosateur, narrateur, romancier et essayiste, il est aussi poète et écrit en allemand et en catalan.

En Autriche, il a reçu le prix littéraire « Wiener Werkstattpreis 2007 » et en 2010, un prix pour petite prose par Österreichischer Schriftstellerverband. En Catalogne, il a reçu le prix de poésie « Premi de Poesia Parc Taulí 2014 ».

Disponible en français :
Vermeils/Vermells, poésie, Les Hauts-Fonds, 2014

www.klausebner.eu